I0814774

ANIMALES AFRICANOS

LOS GUEPARDOS

por Mary Ellen Klukow

AMICUS AMICUS INK

cola

garras

Busca
estas palabras
e imágenes
mientras lees.

manchas

ojos

¿Qué es ese gato manchado?

¡Es un guepardo!

Los guepardos son los animales más rápidos en tierra. Ellos persiguen a su presa. Atrapan antílopes para comer.

Mira la cola. Es larga.
Le ayuda al guepardo
a equilibrarse.

cola

Mira las garras. Otros gatos pueden esconder sus garras. Las garras de un guepardo siempre están fuera.

garras

ojos

Mira los ojos.
Un guepardo ve bien.
Él busca alimento.

Mira las manchas. Le ayudan al guepardo a esconderse.

manchas

Los guepardos bebé se llaman cachorros. Ellos miran cazar a su mamá. Pronto ellos también cazarán.

cola

garras

¿Lo encontraste?

manchas

ojos

Spot es una publicación Amicus y Amicus Ink
P.O. Box 227, Mankato, MN 56002
www.amicuspublishing.us

Copyright © 2020 Amicus.
Todos los derechos reservados. Prohibida la reproduccion, almacenamiento en base de datos o transmision por cualquier metodo o formato electronico, mecanico o fotostatico, de grabacion o de cualquier otro tipo sin el permiso por escrito de la editorial.

Library of Congress Cataloging-in-Publication Data
Names: Klukow, Mary Ellen, author.
Title: Los guepardos / by Mary Ellen Klukow.
Other titles: Cheetahs. Spanish
Description: Mankato, Minnesota : Amicus, [2020] | Series: Spot. Animales africanos | Audience: Age 7. | Audience: K to Grade 3. | Includes bibliographical references and index.
Identifiers: LCCN 2018054530 (print) | LCCN 2018055686 (ebook) | ISBN 9781681519012 (ebook) | ISBN 9781681518756 (hardcover : alk. paper)
Subjects: LCSH: Cheetah–Africa–Juvenile literature.
Classification: LCC QL737.C23 (ebook) | LCC QL737.C23 K59718 2020 (print) | DDC 599.75/9–dc23
LC record available at https://lccn.loc.gov/2018054530

Wendy Dieker, editora
Deb Miner, diseñador de la serie
Ciara Beitlich, diseñador de libro
Holly Young, investigación fotográfica

Creditos de Imagenes: Shutterstock/Eric Isselee cover, 1; Getty/Peter Van Der Byl 3; Shutterstock/Victor Lapaev 4-5; Alamy/Aditya "Dicky" Singh 6-7; 123RF/Simon Eeman 8-9; Getty/Danita Delimont 10-11; Shutterstock/Mark Bridger 12-13; Getty/James Hager/robertharding 14